ORDONNANCE
DE LOUIS XV
ROY DE FRANCE ET DE NAVARRE
CONCERNANT LES TESTAMENS

Donnée à Verſailles au mois d'Août 1735.

Regiſtrée en Parlement le 3. Fevrier 1736.

A PARIS,

Chez PIERRE SIMON, Imprimeur du Parlement, ruë de la Harpe, à l'Hercule.

MDCCXXXVI.

ORDONNANCE
DE LOUIS XV
ROY DE FRANCE ET DE NAVARRE
CONCERNANT LES TESTAMENS.

Donnée à Verſailles au mois d'Août 1735.

OUIS par la grace de Dieu Roi de France & de Navarre : A tous préſens & à venir, SALUT. Dans la réſolution générale que Nous avons priſe, de faire ceſſer toute diverſité de Juriſprudence entre les differentes Cours de notre Royaume, ſur les matieres où elles ſuivent les mêmes Loix, Nous avons donné notre premiere attention aux queſtions qui naiſſent ſur les diſpoſitions que les hommes font de leurs biens à titre gratuit ; & c'eſt dans cet eſprit que Nous avons fait publier notre Ordonnance du mois de Février 1731. qui fixe la Juriſprudence ſur ce qui regarde la nature, la forme, les charges & les conditions des Donations entre-vifs. Nous ſuivons à préſent l'ordre naturel, en portant nos vûës ſur un autre genre de diſpoſitions gratuites ; c'eſt-à-dire, ſur celles qui ſe font à cauſe de mort, & où la Loy permet aux hommes d'exercer un pouvoir qui s'étend au-delà des bornes de leur vie. L'opposition qui regne à cet égard entre l'esprit du Droit Romain, toûjours favorable à la liberté indéfinie des Testateurs, & celui du Droit François, qui semble n'avoir travaillé qu'à restraindre & à limiter leur pouvoir, peut être regardée, à la vérité, comme la premiere origine d'une varieté de Jurisprudence qui se fait sentir dans cette matiere, encore plus que dans aucune autre; mais la principale cause d'une si grande diversité, a été l'incertitude que les sentimens des Interprétes, souvent contraires les uns aux autres, & quelquefois aux Loix mêmes qu'ils expliquent, semblent avoir répanduë dans les Jugemens. Ce n'est pas seulement sur des questions peu interessantes que les esprits se sont partagés; c'est sur les points mêmes les plus essentiels de la Jurisprudence pour assurer la validité & l'effet des dernieres volontés. Tels sont la solemnité ou la forme exterieure des dispositions testamentaires, l'institution d'héritier, le vice de la préterition des enfans du Testateur, la maniere de laisser ou de fixer la Légitime, les différentes détractions, soit de cette portion sacrée, dont le privilége est fondé sur la Loy naturelle, soit de celles que des Loix positives accordent aux Héritiers institués sous le nom de Quarte Falcidie, & de Quarte Trebellianique; le droit d'élection donné par le Testateur à son Héritier; enfin l'exécution & l'effet des dispositions que le domicile du Testateur, le lieu où le Testament a été fait, & la situation des biens, semblent assujettir à des Loix différentes ou même contraires. C'est sur des matieres si importantes que Nous jugeons à propos de rendre la Jurisprudence entierement uniforme dans tous les Tribunaux de notre Royaume; notre intention n'est point de faire, dans cette vûë, un changement réel aux dispositions des Loix qu'ils ont observées jusqu'à présent, Nous voulons au contraire en affermir l'autorité par des Regles tirées de ces Loix mêmes, & expliquées d'une maniere si précise, que l'incertitude ou la varieté des maximes ne soit plus desormais une matiere toûjours nouvelle d'inquiétude pour les Testateurs, de doutes pour les Juges, & de Procès ruineux pour ceux mêmes qui les gagnent: Nous ne pouvions parvenir plus sûrement à un si grand bien, qu'en

Nous faiſant rendre un compte exact des uſages & des maximes de chaque Parlement, ou Conſeil ſuperieur de notre Royaume, ſur la matiere des Teſtamens, ainſi que Nous l'avons fait ſur celle des Donations entre-vifs, & Nous y avons eu la même ſatisfaction de voir ces Compagnies ſouvent diviſées dans leurs opinions, mais toûjours unies par l'amour de la Juſtice, tendre également, quoique par des voyes différentes, au grand objet du bien public. Quand Nous n'aurions fait que Nous déterminer entre ces voyes pour en autoriſer une ſeule, l'établiſſement d'une regle fixe & certaine auroit toûjours été un grand avantage pour nos Sujets; mais notre affection pour eux a été encore plus loin, & dans le choix que Nous étions obligés de faire, Nous avons toûjours preféré la régle la plus conforme à cette ſimplicité qui a été appellée l'amie des Loix, parce qu'elle prévient ces diſtinctions ou ces interprétations ſpécieuſes dont on abuſe ſi ſouvent pour en éluder la diſpoſition, ſous prétexte d'en mieux pénetrer l'eſprit. C'eſt ainſi qu'en éloignant tout ce qui peut rendre les Jugemens incertains & arbitraires, Nous remplirons le principal objet de la Loy, qui eſt de tarir autant qu'il eſt poſſible, la ſource des Procès, d'affermir la tranquillité & l'union des Citoyens, & de leur faire goûter les fruits de cette Juſtice, que Nous regardons comme le fondement du bonheur des Peuples, & de la gloire la plus ſolide des Rois. A CES CAUSES, & autres à ce Nous mouvans, de l'avis de notre Conſeil, & de notre certaine ſcience, pleine puiſſance & autorité Royale, Nous avons dit, déclaré & ordonné, diſons, déclarons & ordonnons, voulons, & Nous plaît ce qui ſuit.

ARTICLE PREMIER.

Toutes diſpoſitions Teſtamentaires ou à cauſe de mort, de quelque nature qu'elles ſoient, ſeront faites par écrit. Déclarons nulles toutes celles qui ne ſeroient faites que verbalement, & défendons d'en admettre la preuve par Témoins, même ſous prétexte de la modicité de la ſomme dont il auroit été diſpoſé.

II. Déclarons pareillement nulles toutes diſpoſitions qui ne ſeroient faites que par ſignes, encore qu'elles euſſent été redigées par écrit, ſur le fondement deſdits ſignes.

III. Voulons aussi que les dispositions qui seroient faites par Lettres missives, soient regardées comme nulles & de nul effet.

IV. L'usage des Testamens Nuncupatifs écrits, & des Testamens Mystiques ou Sécrets, continuëra d'avoir lieu dans les Pays de Droit écrit & autres, où lesdites formes de tester sont autorisées par les Coûtumes ou Statuts.

V. Lorsque le Testateur voudra faire un Testament Nuncupatif écrit, il en prononcera intelligiblement toutes les dispositions, en présence au moins de sept Témoins, y compris le Notaire ou Tabellion, lequel écrira lesdites dispositions, à mesure qu'elles seront prononcées par le Testateur, après quoi sera fait lecture du Testament entier audit Testateur, de laquelle lecture il sera fait mention par ledit Notaire ou Tabellion, & le Testament sera signé par le Testateur, ensemble par le Notaire ou Tabellion, & par les autres Témoins, le tout de suite & sans divertir à autres Actes : & en cas que le Testateur déclare qu'il ne sçait ou ne peut signer, il en sera fait mention.

VI. Il suffira que les Témoins qui assisteront au Testament Nuncupatif écrit, y ayent été présens tous ensemble, sans qu'il soit nécessaire de faire mention qu'ils ayent été priés & convoqués à cet effet; ce qui aura lieu pareillement à l'égard de tous les Testamens & autres Actes de derniere volonté, où la présence des Témoins est nécessaire.

VII. Si le Testateur est aveugle, ou si dans le tems du Testament, il n'a pas l'usage de la vûë, il sera appellé un Témoin outre le nombre porté par l'article V. lequel signera le Testament avec les autres Témoins.

VIII. Si le Testateur ne peut parler, soit par un défaut naturel, ou autrement, il ne pourra faire de disposition à cause de mort, que dans la forme portée par les articles IX. & XII. ci-après.

IX. Lorsque le Testateur voudra faire un Testament Mystique ou secret, il sera tenu de signer ses dispositions, soit qu'il les ait écrites lui-même, ou qu'il les ait fait écrire par un autre; & sera le papier qui contiendra lesdites dispositions, ensemble le papier qui servira d'envelope, s'il y en a une, clos & scellé avec les précautions en tel cas requises & accoutumées ; le Testateur présentera ledit papier, ainsi clos & scellé, à sept Témoins, au moins, y compris le Notaire ou Tabellion, ou il le fera clorre & sceller en leur présence, & il déclarera que le contenu audit papier est son Testament écrit & signé de lui, ou écrit par un autre, & signé de lui ; ledit Notaire ou Tabellion en dressera l'Acte de suscription, qui sera écrit sur ledit papier ou sur la feuille qui servira d'envelope, & sera ledit Acte signé, tant par le Testateur, que par le Notaire ou Tabellion, ensemble par les autres Témoins, sans qu'il soit necessaire d'y apposer le sceau de chacun desdits Témoins. Tout ce que dessus sera fait de suite, & sans divertir à autres Actes ; & en cas que le Testateur, par un empêchement survenu depuis la signature du Testament, ne puisse signer l'Acte de suscription, il sera fait mention de la Déclaration qu'il en aura faite, sans qu'il soit besoin en ce cas d'augmenter le nombre des Témoins.

X. Si le Testateur ne sçait signer, ou s'il n'a pû le faire lorsqu'il a fait écrire ses dispositions, il sera appellé à l'Acte de suscription un Témoin, outre le nombre porté par l'Article précédent, lequel signera ledit Acte avec les autres Témoins, & il y sera fait mention de la cause pour laquelle ledit Témoin aura été appellé.

XI. Ceux qui ne sçavent ou ne peuvent lire, ne pourront faire de disposition dans la forme du Testament Mystique.

XII. En cas que le Testateur ne puisse parler, mais qu'il puisse écrire, il pourra faire un Testament Mystique, à la charge que ledit Testament sera entierement écrit, daté & signé de sa main ; qu'il le présentera au Notaire ou Tabellion, & aux autres Témoins ; & qu'au haut de l'Acte de suscription, il écrira en leur présence que le papier qu'il présente est son Testament ; après quoi ledit Notaire ou Tabellion écrira l'Acte de suscription, dans lequel il sera fait mention que le Testateur a écrit ces mots en présence dudit Notaire ou Tabellion & des Témoins, & sera au surplus observé tout ce qui est prescrit par l'Article IX.

XIII. N'entendons par les dispositions des Articles V. & IX. déroger aux Statuts ou Coûtumes observées dans les lieux régis par le Droit écrit, qui éxigent un nombre de Témoins moindre que celui qui est porté auſdits articles, à la charge néanmoins d'appeller un Témoin, outre le nombre requis par leſdites Coutumes ou Statuts, dans les cas mentionnés aux articles VII. & X.

XIV. La forme qui a eu lieu juſqu'à preſent à l'égard des Codiciles, continuëra d'être obſervée, & il ſuffira qu'ils ſoient faits en préſence de cinq Témoins, y compris le Notaire ou Tabellion; N'entendons pareillement déroger aux Statuts ou Coutumes qui exigent un moindre nombre de Témoins pour les Codiciles.

XV. Le nombre de Témoins requis par les articles V, VII, IX. & X. ne ſera point neceſſaire pour la validité des Teſtamens, Codiciles, ou autres Actes de derniere volonté faits entre Enfans & Deſcendans dans les Pays qui ſont régis par le Droit écrit, & il ſuffira que leſdits Teſtamens, Codiciles, ou autres Actes ſoient faits en préſence de deux Notaires ou Tabellions, ou d'un Notaire & de deux Témoins.

XVI. Voulons pareillement que les Teſtamens, Codiciles, ou autres diſpoſitions à cauſe de mort, qui ſeront entierement écrits, datés & ſignés de la main du Teſtateur ou de la Teſtatrice, ſoient valables dans leſdits Pays de Droit écrit entre les enfans & deſcendans. Déclarons nuls tous ceux qui ne ſeroient pas revêtus au moins d'une des formes portées par le préſent Article & par le précédent.

XVII. Les Actes de partage faits entre Enfans & Deſcendans, pour avoir lieu après la mort de ceux qui les font dans les Pays où ces Actes ſont en uſage, ne ſeront valables, s'ils ne ſont pareillement revêtus d'une des formes portées par les deux Articles précédens, & ſeront en outre obſervées les autres formalités preſcrites par les Loix, Coûtumes ou Statuts qui autoriſent leſdits Actes.

XVIII. Les diſpoſitions qui ſeront faites au profit d'autres que leſdits Enfans & Deſcendans dans les Teſtamens & autres Actes mentionnés aux Articles XV. XVI. & XVII. ſeront regardées comme de nul effet; & ne ſeront exécutées que celles qui concerneront leſdits Enfans ou Deſcendans.

XIX. L'usage des Testamens, Codiciles & autres dernieres dispositions olographes, continuëra d'avoir lieu dans les Pays, & dans les cas où ils ont été admis jusqu'à présent.

XX. Les Testamens, Codiciles & dispositions mentionnés dans l'Article précédent, seront entierement écrits, dattés & signés de la main de celui ou celle qui les aura faits.

XXI. Lorsque ceux ou celles qui auront fait des Testamens, Codiciles ou autres dernieres dispositions olographes, voudront faire des vœux solemnels de Religion, ils seront tenus de reconnoître lesdits Actes pardevant Notaires avant que de faire lesdits vœux, sinon lesdits Testamens, Codiciles ou autres dispositions, demeureront nuls & de nul effet.

XXII. Dans tous les Pays où les formalités établies par le Droit Ecrit pour les dispositions de derniere volonté, ne sont pas autorisées par les Loix, Statuts ou Coutumes, il n'y aura à l'avenir que deux formes qui puissent avoir lieu pour lesdites dispositions; sçavoir, celle des Testamens, Codiciles ou autres dispositions olographes, suivant ce qui est porté à cet égard, par les Articles précédents, & celles des Testamens, Codiciles ou autres dispositions reçûës par personnes publiques, selon ce qui sera prescrit ci-après; abrogeons toutes autres formes de disposer à cause de mort dans lesdits Pays.

XXIII. Les Testamens, Codiciles & autres dispositions de derniere volonté, qui se feront devant une personne publique, seront reçûs par deux Notaires ou Tabellions, ou par un Notaire ou Tabellion, en présence de deux témoins; lesquels Notaires ou Tabellions, ou l'un d'eux, écriront les dernieres volontés du Testateur, telles qu'il les dictera, & lui en feront ensuite la lecture, de laquelle il sera fait une mention expresse, sans néanmoins qu'il soit nécessaire de se servir précisément de ces termes: *dicté*, *nommé*, *lû & relû sans suggestion*, ou autres requis par les Coûtumes ou Statuts; après quoi ledit Testament, Codicile ou autre disposition de derniere volonté, sera signé par le Testateur, ensemble par les deux Notaires ou Tabellions, ou par le Notaire ou Tabellion, & les deux témoins, & en cas que le Testateur déclare qu'il ne sçait ou ne peut signer, il en sera fait mention.

XXIV. N'entendons déroger aux Coutumes & usages des Pays où les Officiers de Justice y compris les Greffiers, ou les Officiers Municipaux, sont mis au nombre des personnes publiques qui peuvent recevoir des Testamens ou autres dispositions à cause de mort; ce que Nous voulons pareillement avoir lieu dans les Provinces régies par le Droit Ecrit, où le même usage seroit établi.

XXV. Les Curés séculiers ou reguliers, pourront recevoir des Testamens ou autres dispositions à cause de mort, dans l'étenduë de leurs Paroisses, & ce, seulement, dans les lieux où les Coutumes ou Statuts les y autorisent expressément, & en y appellant avec eux deux témoins; ce qui sera pareillement permis aux Prêtres séculiers préposés par l'Evêque à la desserte des Cures, pendant qu'ils les desserviront, sans que les Vicaires, ni aucunes autres personnes Ecclésiastiques, puissent recevoir des Testamens ou autres dernieres dispositions. N'entendons rien innover aux Reglemens & usages observés dans quelques Hôpitaux, par rapport à ceux qui peuvent y recevoir des Testamens ou autres dispositions à cause de mort.

XXVI. Le Curé ou le Desservant seront tenus incontinent après la mort du Testateur, s'ils ne l'ont fait auparavant, de déposer le Testament ou autre derniere disposition, qu'ils auront reçû, chez le Notaire ou Tabellion du lieu; & s'il n'y en a point, chez le plus prochain Notaire Royal dans l'étenduë du Bailliage ou Sénéchaussée dans laquelle la Paroisse est située, sans que lesdits Curés ou Desservants puissent en délivrer aucunes expeditions, à peine de nullité desdites expeditions, & des dommages & interêts des Notaires ou Tabellions, & des Parties qui pourroient en prétendre,

XXVII. Les Testamens, Codiciles & autres dispositions à cause de mort de ceux qui servent dans nos Armées, en quelque Pays que ce soit, pourront être faits en présence de deux Notaires, ou Tabellions ou d'un Notaire ou Tabellion & de deux témoins, ou en présence de deux des Officiers ci-après nommés; sçavoir, les Majors & les Officiers d'un rang superieur, les Prevôts des Camps & Armées, leurs Lieutenants ou

Greffiers & les Commissaires des Guerres, ou de l'un desdits Officiers avec deux témoins : & en cas que le Testateur soit malade ou blessé, il pourra aussi faire ses dernieres dispositions, en présence d'un des Aumôniers de nos Troupes ou des Hôpitaux avec deux témoins, & ce, encore que lesdits Aumôniers fussent réguliers.

XXVIII. Le Testateur signera les Testamens, Codiciles ou autres dernieres dispositions mentionnées dans l'Article précédent, s'il sçait ou peut signer, & en cas qu'il déclare ne sçavoir ou ne pouvoir le faire, il en sera fait mention. Seront lesdits Actes pareillement signés par celui ou ceux qui les recevront, ensemble par les témoins, sans néanmoins qu'il soit nécessaire d'appeller des témoins qui sçachent & puissent signer ; si ce n'est lorsque le Testateur ne sçaura ou ne pourra le faire : & à la reserve de ce cas, lorsque les témoins, ou l'un d'eux déclareront qu'ils ne sçavent ou ne peuvent signer, il suffira d'en faire mention.

XXIX. Seront aussi valables les Testamens, Codiciles & autres dispositions à cause de mort de ceux qui servent dans nos Armées, en quelque Pays que ce soit, lorsqu'ils seront entierement écrits, dattés & signés de la main de celui qui les aura faits. Déclarons nuls tous ceux qui ne seroient pas revêtus au moins d'une des formes portées aux deux Articles précedens & au présent Article.

XXX. La disposition des Articles XXVII. XXVIII. & XXIX. n'aura lieu qu'en faveur de ceux qui seront actuellement en expédition militaire, ou qui seront en quartier, ou en garnison hors le Royaume, ou prisonniers chez les Ennemis, sans que ceux qui seront en quartier ou en garnison dans le Royaume, puissent profiter de la disposition desdits Articles, si ce n'est qu'ils fussent dans une Place assiegée ou dans une Citadelle ou autre lieu, dont les portes fussent fermées & la communication interrompuë à cause de la guerre.

XXXI. Ceux qui n'étant ni Officiers ni engagés dans nos troupes, se trouveront à la suite de nos Armées ou chez les Ennemis, soit à cause de leurs emplois ou fonctions, soit pour le service qu'ils rendent à nos Officiers, soit à l'occasion de la fourniture des vivres & munitions de nos Troupes, pourront faire leurs dernieres dispositions dans la forme portée par les Articles XXVII. XXVIII. & XXIX. & dans les cas marqués par l'Article XXX.

XXXII Les Testamens, Codiciles & autres dispositions à cause de mort mentionnés dans l'Article précedent, demeureront nuls, six mois après que celui qui les aura faits, sera revenu dans un lieu où il puisse avoir la liberté de tester en la forme ordinaire, si ce n'est qu'ils fussent faits dans les formes qui sont requises de Droit commun, dans le lieu où ils auront été faits.

XXXIII. En tems de Peste, les Testamens, Codiciles ou autres dispositions à cause de mort, pourront être faits, en quelque Pays que ce soit, en presence de deux Notaires ou Tabellions ou de deux des Officiers de Justice Royale, Seigneuriale ou Municipale, jusqu'aux Greffiers inclusivement, ou pardevant un Notaire ou Tabellion avec deux temoins, ou pardevant un des Officiers ci-dessus nommés, aussi avec deux témoins, ou en présence du Curé ou Desservant, ou Vicaire ou autre Prêtre chargé d'administrer les Sacremens aux malades, quand même il seroit régulier, & de deux témoins.

XXXIV Ce qui a été reglé par l'Article XXVIII. pour les Testamens Militaires, sur la signature tant du Testateur, que de celui ou ceux qui recevront le Testament & des témoins, sera aussi observé par rapport aux Testamens, Codiciles, ou autres dispositions faites en tems de Peste.

XXXV. Seront en outre valables, en tems de Peste, en quelque Pays que ce soit, les Testamens, Codiciles & autres dispositions à cause de mort, qui seront entierement écrits, datés & signés de la main de celui qui les aura faits. Déclarons nuls tous ceux qui ne seroient pas revêtus au moins d'une des formes portées aux deux Articles précédens, & au présent Article.

XXXVI. La disposition des Articles XXXIII. XXXIV. & XXXV. aura lieu, tant à l'égard de ceux qui seroient attaqués de la Peste, que pour ceux qui seroient dans les lieux infectés de ladite maladie, encore qu'ils ne fussent pas actuellement malades.

XXXVII. Les Testamens, Codiciles & autres dispositions à cause de mort, mentionnés dans les quatres articles précedens, demeureront nuls six mois après que le Commerce aura été rétabli dans le lieu où le Teſtateur ſe trouvera, ou qu'il aura paſſé dans un lieu où le Commerce n'eſt point interdit, ſi ce n'eſt qu'on eût obſervé dans leſdits Actes, les formes requiſes de droit commun dans le lieu où ils auront été faits.

XXXVIII. Tous Teſtamens, Codiciles, Actes de partage entre enfans & deſcendans ou autres diſpoſitions à cauſe de mort, en quelques Pays & en quelque forme qu'ils ſoient faits, contiendront la date des jour, mois & an, & ce encore qu'ils fuſſent olographes. Ce qui ſera pareillement obſervé dans le cas du Teſtament Myſtique, tant pour la date de la diſpoſition, que pour celle de la ſuſcription.

XXXIX. Dans tous les Actes à cauſe de mort, où la préſence des Témoins eſt néceſſaire, l'âge deſdits Témoins demeurera fixé à celui de vingt ans accomplis, à l'exception des Pays de Droit Ecrit, où il ſuffira que leſdits Témoins ayent l'âge où il eſt permis de teſter dans leſdits Pays.

XL. Les Témoins ſeront Mâles, Regnicoles & capables des effets Civils, à l'exception ſeulement du Teſtament Militaire dans lequel les Etrangers, non notés d'infâmie, pourront ſervir de Témoins.

XLI. Les Réguliers, Novices ou Profès, de quelque Ordre que ce ſoit, ne pourront être Témoins dans aucuns Actes de derniere volonté, ſans préjudice néanmoins de l'exécution des Articles XXV. XXVII. & XXXIII. en ce qui concerne le pouvoir de recevoir des Teſtamens accordé aux Réguliers, en conſéquence des qualités mentionnées auſdits Articles.

XLII. Ne pourront pareillement être pris pour Témoins les Clercs, Serviteurs ou Domeſtiques du Notaire ou Tabellion, ou autre Perſonne publique, qui recevra le Teſtament, Codicile ou autre derniere diſpoſition, ou l'Acte de ſuſcription.

XLIII. Les Héritiers inſtitués ou ſubſtitués ne pourront être Témoins en aucun cas; & à l'égard des Legataires univerſels ou particuliers, ils ne pourront l'être que pour l'Acte de ſuſcription du Teſtament Myſtique dans les Pays où cette forme de teſter eſt reçüe.

XLIV. Dans les cas & dans les Pays où le nombre de

deux Témoins eſt ſuffiſant pour la validité des Teſtamens, Codiciles ou autres diſpoſitions de derniere volonté, il ne pourra y être admis que des Témoins qui ſçachent & puiſſent ſigner, à l'exception néanmoins des cas mentionnés dans les Articles XXVIII. & XXXIV. ci-deſſus.

XLV. Dans les cas & dans les Pays où le nombre de deux Témoins n'eſt pas ſuffiſant, il ne pourra pareillement être admis que des Témoins qui ſçachent & puiſſent ſigner lorſque les Teſtamens, Codiciles ou autres diſpoſitions à cauſe de mort ſe feront dans des Villes ou Bourgs fermés. Voulons que dans les autres lieux il y ait au moins deux Témoins qui ſçachent & puiſſent ſigner; & à l'égard de ceux qui ne ſçauront ou ne pourront le faire, il ſera fait mention qu'ils ont été préſens, & ont déclaré ne ſçavoir ou ne pouvoir ſigner.

XLVI. Voulons au ſurplus que les diſpoſitions du Droit Ecrit & autres Loix, Coûtumes ou Statuts, en ce qui concerne les qualités deſdits Témoins, ſoient exécutées en tout ce qui n'eſt pas contraire aux ſix Articles précédens.

XLVII. Toutes les diſpoſitions de la préſente Ordonnance qui concernent la date & la forme des Teſtamens, Codiciles ou autres Actes de derniere volonté, & les qualités des Témoins, ſeront exécutées à peine de nullité, ſans préjudice des autres moyens tirés des diſpoſitions des Loix ou des Coûtumes, ou de la ſuggeſtion & captation deſdits Actes, leſquelles pourront être alléguées, ſans qu'il ſoit néceſſaire de s'inſcrire en faux à cet effet, pour y avoir par nos Juges tel égard qu'il appartiendra.

XLVIII. Voulons que les Notaires, Tabellions ou autres perſonnes publiques, comme auſſi les Témoins qui auroient ſigné les Teſtamens, Codiciles ou autres Actes de derniere volonté, ou les Actes de ſuſcription des Teſtamens Myſtiques, ſans avoir vu le Teſtateur, & ſans l'avoir entendu prononcer ſes diſpoſitions, ou les lui avoir vû préſenter lors de ladite ſuſcription, ſoient pourſuivis extraordinairement à la Requête de nos Procureurs, ou de ceux des Hauts Juſticiers, & condamnés, ſçavoir, leſdits Notaires, Tabellions, ou autres perſonnes publiques, à la peine de mort, & les Témoins, à telles peines afflictives ou infamantes qu'il appartiendra.

XLIX. L'institution d'Héritier faite par Testament, ne pourra valoir en aucun cas, si celui ou ceux au profit de qui elle aura été faite, n'étoient ni nés, ni conçus lors du décès du Testateur.

L. Dans les Pays où l'institution d'Héritier est nécessaire pour la validité du Testament, ceux qui ont droit de Légitime seront institués Héritiers, au moins en ce que le Testateur leur donnera, & l'institution sera faite en les appellant par leurs noms, ou en les désignant de telle maniere que chacun d'eux y soit compris. Ce qui aura lieu, même à l'égard des Enfans qui ne seroient pas nés au tems du Testament, & qui seroient nés ou conçus au tems de la mort du Testateur.

LI. Quelque modique que soit l'effet ou la somme pour lesquels ceux qui ont droit de Légitime, auront été institués Héritiers, le vice de la prétérition ne pourra être opposé contre le Testament, encore que le Testateur eut disposé de ses biens en faveur d'un Etranger.

LII. Ceux à qui il aura été laissé moins que leur Légitime à titre d'institution, pourront former leur demande en supplément de Légitime; ce qui aura lieu à l'avenir dans les Pays même dans lesquels ladite demande n'a pas été admise jusqu'à présent, ou a été prohibée dans certains cas.

LIII. En cas de prétérition d'aucuns de ceux qui ont droit de Légitime, le Testament sera déclaré nul, quant à l'institution d'Héritier, sans même qu'elle puisse valoir comme Fidei-commis; & si elle a été chargée de substitution, ladite substitution demeurera pareillement nulle; le tout, encore que le Testament continst la clause Codicillaire, laquelle ne pourra produire aucun effet à cet égard, sans préjudice néanmoins de l'exécution du Testament, en ce qui concerne le surplus des dispositions du Testateur.

LIV. La disposition de l'article précedent sera executée, même à l'égard des Testamens faits entre enfans, ou en temps de Peste; & en ce qui concerne les Testamens Militaires, n'entendons rien innover à ce qui est porté par les Loix Romaines à cet égard.

L V. N'entendons déroger par les articles L. LIII. & LIV. aux diſpoſitions des Coutumes, Statuts, ou autres Loix particulieres obſervées dans quelques uns des Pays régis par le Droit Ecrit, qui permettent expreſſément de laiſſer la Légitime à autre titre que celui d'inſtitution ; & la demande en ſuplément de Légitime pourra être formée audit cas, ainſi qu'il eſt porté par l'Article LII.

L V I. Ceux qui ont droit de Légitime, & qui auront été inſtitués Héritiers, pourront faire détraction de la Quarte Falcidie ſur les legs, & de la Quarte Trebellianique ſur les Fidéi-commis, & retenir en outre leur Légitime.

L V I I. Lorſque le Teſtament contiendra la clauſe codicillaire, & que l'inſtitution d'héritier ne ſera ſans effet qu'à cauſe d'un défaut de ſolemnité, ou de la caducité de ladite inſtitution, les Héritiers *ab inteſtat* qui ont droit de légitime, & qui prendront audit cas la place de l'Héritier inſtitué, pourront pareillement faire détraction des Quartes Falcidie & Trebellianique, & celle de la Légitime ſur la totalité des biens du Teſtateur.

L V I I I. Dans le cas porté par l'Article LIII. où nonobſtant la clauſe codicillaire, l'inſtitution d'héritier ne peut valoir, même comme Fidéi-commis, à cauſe du vice de la préterition, & où le Teſtament ne ſubſiſte que pour le ſurplus des diſpoſitions du Teſtateur, ceux qui ont droit de Légitime pourront faire la détraction deſdites Quartes Falcidie & Trebellianique ſur les legs ou Fidéi-commis, & en outre retenir leur Légitime ſur iceux, en cas que les biens qui leur appartiendront par la nullité de l'inſtitution, ne ſuffiſent pas pour remplir ladite Légitime.

L I X. La diſpoſition des trois Articles précedens ſera executée à l'égard de tous Teſtamens, même du Militaire.

L X. Sera néanmoins permis à tous Teſtateurs, de défendre par leur Teſtament, ou par un Codicile poſterieur, de retenir leſdites Quartes Falcidie & Trebellianique, conjointement avec la Légitime, auquel cas ceux qui ont droit de Légitime, auront ſeulement le choix entre la détraction deſdites Quartes & celle de la Légitime, à moins que le Teſtateur n'en eût autrement ordonné, en les réduiſant à leur Légitime ;

Légitime ; & la disposition du présent Article aura lieu dans tous les cas portés aux Articles LVI. LVII. & LVIII. Défendons aux Juges d'avoir égard à ladite prohibition, si elle n'est faite en termes exprès.

LXI. La quotité de la Légitime des Ascendans dans les lieux où elle leur est dûë, sur les biens de leurs Enfans ou Descendans qui n'ont pas laissé d'enfans, & qui ont fait un Testament, sera reglée, eu égard au total desdits biens, & non sur le pied de la portion qui auroit appartenu ausdits Ascendans, s'ils eussent recüeilli lesdits biens *ab intestat*, concurrément avec les freres germains du défunt : ce qui aura lieu, soit que ledit défunt ait institué Héritiers ses freres ou sœurs, ou qu'il ait institué des étrangers.

LXII. Celui qui aura été institué Heritier, à la charge d'élire un des Enfans du Testateur, ne pourra élire un des petits-Enfans ou Descendans, encore que celui des Enfans dont ils sont issus fût mort avant que le choix eût été fait. Et si tous les Enfans du premier degré décédent avant ledit choix, le droit d'élire demeurera caduc & éteint ; le tout à moins que le Testateur n'en ait autrement ordonné.

LXIII. Celui qui aura été chargé d'élire un des Enfans du Testateur ou autres, ne pourra grever celui qu'il choisira d'aucune substitution, même en faveur d'un autre sujet éligible, si ce n'est que le Testateur lui en eût donné expressément le pouvoir par son Testament.

LXIV. Lorsque celui qui aura été chargé d'élire, aura déclaré son choix par Contrat de Mariage, ou par un Acte entre-vifs, accepté par celui qu'il aura élu dans la forme prescrite pour l'acceptation des Donations par notre Ordonnance du mois de Février 1731. ledit choix sera irrevocable.

LXV. La disposition de l'Article précédent aura lieu, encore que le choix ait été fait avant le temps porté par le Testament, si ce n'est que le Testateur eût prohibé expressément de faire ledit choix avant le terme par lui marqué, auquel cas ledit choix ne sera irrévocable, qu'après l'expiration dudit terme.

LXVI. Tout ce qui a été reglé par les quatre Articles précedens sur les institutions d'Héritier faites à la charge d'élire, aura lieu pareillement pour les legs universels ou particuliers faits sous la même charge.

LXVII. Si l'Héritier institue par un Testament qui contient la clause Codicillaire, n'a prétendu faire valoir la disposition du Testateur, que comme Codicile seulement, ou s'il n'a agi qu'en consequence de ladite clause, il ne sera plus reçu à soutenir ladite disposition en qualité de Testament; mais s'il a agi d'abord en vertu du Testament, il pourra se servir ensuite de la clause Codicillaire, & ce, jusqu'à ce qu'il soit intervenu Arrêt définitif, ou Jugement passé en force de chose jugée au sujet dudit Testament.

LXVIII. Lorsque le Testateur sera domicilié dans un des Pays qui suivent le Droit écrit, l'institution d'Héritier par lui faite aura son effet, tant pour les immeubles situés ausdits Pays, que pour les meubles, droits & actions qui suivent la personne. Et quant aux immeubles situés dans les Pays où le Droit écrit n'est pas observé, elle vaudra comme legs universel, si ce n'est qu'elle ait été faite pour une somme fixe, ou pour de certains effets, auquel cas elle ne vaudra dans lesdits Pays, que comme legs particulier.

LXIX. La disposition de l'Article précédent aura lieu, encore que le Testateur domicilié en Pays de Droit écrit, ait fait son Testament dans un Pays où ce Droit n'est pas observé. Et en cas que ledit Testament ne contint qu'un ou plusieurs legs universels, sans institution d'Héritier, ils vaudront comme institution dans les Pays de Droit écrit, pour les biens qui y sont situés, ou qui suivent la personne, & seulement comme legs universel, pour les immeubles situés en d'autres Pays.

LXX. Dans le cas porté par l'Article précédent, de quelque maniere que le Testateur ait fait une ou plusieurs dispositions universelles, soit à titre d'institution ou à titre de legs universel, son Testament ne pourra être attaqué par le vice de la préterition, lorsqu'il y aura fait des legs, soit universels ou particuliers à chacun de ceux qui ont droit de Légitime, quelques modiques que soient lesdits legs; lesquels vaudront en ce cas, comme institution d'héritier, sauf l'action en suplément de Légitime, ainsi qu'il est porté par l'Article III. Mais si le testateur n'a rien laissé à quelqu'un de ceux qui ont droit de Légitime, ledit Testament sera déclaré nul, quant aux dispositions universelles seulement.

LXXI. Lorsque le Testateur sera domicilié dans un Pays où le Droit écrit n'est pas observé, & qu'il aura fait un Testament contenant institution d'héritier, elle n'aura son effet que pour les immeubles situés en Pays de Droit écrit; & à l'égard des autres immeubles, ensemble des meubles, droits & actions qui suivent la personne, elle ne vaudra que comme legs universel, ou comme legs particulier, suivant la distinction portée par l'Article LXVIII.

LXXII. La disposition de l'Article précedent sera observée, en quelque lieu que le Testament ait été fait; & si ledit Testament ne contient point d'institution d'Héritier, les dispositions universelles qui y seroient portées, ne seront executées que comme legs universel, même dans les Pays de Droit écrit.

LXXIII. Dans tous les cas où, suivant la disposition des Articles LXVIII. LXIX. LXX. & LXXI. les institutions d'Héritier ne vaudront que comme legs universel, ou comme legs particulier, elles seront sujettes à délivrance & aux réductions portées par les Coutumes; & réciproquement dans tous les cas où les dispositions universelles vaudront comme institution d'Héritier, ceux au profit desquels elles seront faites, auront les mêmes avantages, & seront sujets aux mêmes Loix que les Héritiers institués.

LXXIV. L'Article CCCCXXII. de la Coutume de Normandie, qui exige la survie de trois mois pour la validité des Testamens, ou autres dispositions à cause de mort, concernant les biens d'une certaine nature, sera regardé comme un Statut réel; & en consequence, ledit Article aura son entier effet pour les biens de ladite nature, situés dans des lieux régis par ladite Coutume, & n'en aura aucun pour les biens étant en d'autres Pays; le tout, en quelque lieu que celui qui aura fait la disposition ait son domicile, ou qu'il ait disposé.

LXXV. Voulons pareillement que les dispositions de l'Article VI. du Titre VII. de la Coûtume du Duché de Bourgogne, & de l'Article CCXVI. de la Coûtume du Bourbonnois sur la nécessité de la survie pour la validité des Actes de partage entre Enfans & Descendans, ayent leur entier effet, lorsque les biens compris dans lesdits Actes seront situés dans les lieux régis par lesdites Coûtumes, & que lesdites dispositions n'en ayent aucun, lorsque lesdits biens seront situés ailleurs; & en cas que partie des biens soit située dans l'etenduë desdites Coûtumes & partie dans des Pays où la condition de la survie pour lesdits Actes n'est pas exigée, les contestations qui pourront naître, pour sçavoir si lesdits Actes doivent avoir effet en partie ou n'en avoir aucun pour le tout, seront décidées par les Juges qui en doivent connoître, ainsi qu'elles ont pu ou dû l'être par le passé, jusqu'à ce qu'il y ait été par Nous pourvu, ainsi qu'il appartiendra.

LXXVI. Abrogeons l'usage des clauses dérogatoires dans tous Testamens, Codiciles ou dispositions à cause de mort, voulons qu'à l'avenir elles soient regardées comme nulles & de nul effet, en quelques termes qu'elles soient conçûës.

LXXVII. Abrogeons pareillement l'usage des Testamens ou Codiciles mutuels, ou faits conjointement, soit par Mari & Femme ou par d'autres Personnes. Voulons qu'à l'avenir ils soient regardés comme nuls & de nul effet dans tous les Pays de notre Domination, sans préjudice néanmoins de l'exécution des Actes de partage entre Enfans & Descendans, suivant ce qui a été reglé ci-dessus, & pareillement sans rien innover en ce qui concerne les Donations mutuelles à cause de mort, jusqu'à ce qu'il y ait été par Nous pourvû, suivant la reserve portée par l'Article XLVI. de notre Ordonnance du mois de Février 1731.

LXXVIII. Toutes les dispositions de la présente Ordonnance, soit sur la forme ou sur le fonds des Testamens, Codiciles, & autres Actes de derniere volonté, seront executées, encore que lesdites dispositions, de quelque espece qu'elles soient, eussent la cause pie pour objet.

LXXIX. N'entendons comprendre dans la présente Ordonnance ce qui concerne la qualité ou la quotité des biens dont le Testateur peut disposer, ni pareillement ce qui rogarde l'ouverture, l'enregiſtrement, & la publication des Teſtamens ou autres Actes de derniere volonté, nomination & fonction des Exécuteurs Teſtamentaires, ſur tous leſquels points il ne ſera rien innové, en vertu de notre préſente Ordonnance, aux diſpoſitions des Loix ou Uſages qui ſont obſervés à cet égard.

LXXX. Les Teſtamens, Codiciles, ou autres Actes de derniere volonté, dont la rédaction ou la ſuſcription auront une date certaine & autentique avant la publication des Préſentes, par la préſence & ſignature d'un Notaire, Tabellion, ou autre perſonne publique, ou qui auront été dépoſés chez un Notaire ou Tabellion, ou dans un Greffe ou autre Dépôt public, avant ladite publication, ſeront executés, ainſi qu'ils auroient pu ou dû l'être avant notre préſente Ordonnance, & ce, encore que le Teſtateur ne ſoit décedé qu'après qu'elle aura été publiée.

LXXXI. Et à l'égard des Teſtamens, Codiciles ou autres Actes de derniere volonté, dont la date n'aura point été ou ne ſera point devenüe autentique (ſuivant ce qui eſt porté par l'Article précédent) avant la publication de la préſente Ordonnance : Voulons qu'elle ſoit obſervée en ſon entier dans le Jugement des conteſtations qui pourront naître au ſujet deſdits Actes, ſi ce n'eſt que le Teſtateur fut décédé avant la publication des Préſentes, ou dans l'année qui ſuivra immédiatement ladite publication, auquel cas leſdites conteſtations ſeront jugées ainſi qu'elles auroient pu & du l'être avant la préſente Ordonnance.

LXXXII. En cas que lès Teſtamens, Codiciles ou autres diſpoſitions olographes ſe trouvent n'avoir point de date, les conteſtations qui pourront naître ſur la validité ou la nullité deſdits Actes, ſeront jugées ſuivant la Juriſprudence qui a eu lieu juſqu'à préſent dans nos Cours à cet égard, & ce, lorſque le Teſtateur ſera mort avant la publication de la préſente Ordonnance, ou dans l'année qui ſuivra immédiatement ladite publication, & lorſqu'il ne ſera décédé qu'après ladite année, la diſpoſition des Articles XXXVIII. & XLVII. ſur la nullité deſdits Actes par le défaut de date, ſera également obſervée par toutes nos Cours & autres Juges.

VOULONS au ſurplus que la préſente Ordonnance ſoit gardée & obſervée dans tout notre Royaume, Terres & Pays de notre obéïſſance, à compter du jour de la publication qui en ſera faite. Abrogeons toutes Ordonnances, Loix, Coûtumes, Statuts & Uſages differens ou qui ſeroient contraires aux diſpoſitions y contenuës. SI DONNONS EN MANDEMENT à nos amés & féaux les Gens tenans nos Cours de Parlement, Grand Conſeil, Chambres des Comptes, Cours des Aides, Baillifs, Sénéchaux, & tous autres nos Officiers, que ces Préſentes ils gardent, obſervent, entretiennent, faſſent garder, obſerver & entretenir; & pour les rendre notoires à nos Sujets, les faſſent lire, publier & regiſtrer: CAR tel eſt notre plaiſir; Et afin que ce ſoit choſe ferme & ſtable à toujours, Nous y avons fait mettre notre Scel. DONNE' à Verſailles au mois d'Août, l'an de grace mil ſept cens trente-cinq, & de notre Regne le vingtiéme. Signé, LOUIS. *Et plus bas*, Par le Roy, PHELYPEAUX. *Viſa*, CHAUVELIN. Et ſcellé du grand Sceau de cire verte en lacs de ſoye rouge & verte.

Regiſtrée, oüi & ce requerant le Procureur Général du Roy, pour être exécutée ſelon ſa forme & teneur, & copies collationnées envoyées aux Bailliages & Sénéchauſſées du Reſſort, pour y être lûë, publiée & enregiſtrée; enjoint aux Subſtituts du Procureur Général du Roy, d'y tenir la main, & d'en certifier la Cour dans le mois, ſuivant l'Arrêt de ce jour. A Paris, en Parlement, le trois Février mil ſept cens trente-ſix. Signé, YSABEAU.

www.ingramcontent.com/pod-product-compliance
Ingram Content Group UK Ltd.
Pitfield, Milton Keynes, MK11 3LW, UK
UKHW022155260726
13993UKWH00005B/2383

9 782329 570518